BEI GRIN MACHT SICH IHR WISSEN BEZAHLT

- Wir veröffentlichen Ihre Hausarbeit,
  Bachelor- und Masterarbeit

- Ihr eigenes eBook und Buch -
  weltweit in allen wichtigen Shops

- Verdienen Sie an jedem Verkauf

Jetzt bei www.GRIN.com hochladen und kostenlos publizieren

Allgemeine Psychologie. Glück, Messmethoden von Emotionen, Rubikon Modell, Handlungskontrollstrategien nach Kuhl

GRIN

Bibliografische Information der Deutschen Nationalbibliothek:

Die Deutsche Nationalbibliothek verzeichnet diese Publikation in der Deutschen Nationalbibliografie; detaillierte bibliografische Daten sind im Internet über http://dnb.d-nb.de abrufbar.

ISBN: 9783346312839
Dieses Buch ist auch als E-Book erhältlich.

Allgemeine Psychologie II

Einsendeaufgabe

Alternative C

Modul: Allgemeine Psychologie II

Studiengang: B. Sc. Psychologie

Inhaltsverzeichnis

1. Aufgabe C1

In Unterkapitel 1.1 wird das Wort „Glück" näher definieren und beschreiben, was Menschen glücklich macht und welche Auswirkungen Glück auf den Menschen hat.

In Unterkapitel 1.2 wird auf die aktuellen Strömungen und empirischen Ergebnisse der Glücksforschung eingegangen.

1.1 Erklärung und Definition des Glücksbegriffes

Der Duden definiert das Wort „Glück" als eine „angenehme oder freudige Gemütsverfassung, in der man sich befindet, wenn man in den Genuss von etwas kommt", was man sich gewünscht hat.

Dieser Zustand wird als Befriedigung oder einer Hochstimmung beschrieben.[1]

Das Wort „Glück" ist im Deutschen im Gegensatz zu dem Englischen Begriff ein sehr großer Begriff, denn es ist nicht wie im Englischen in drei verschiedene Arten wie „luck", „happiness" oder „pleasure" unterteilt.

Im Deutschen kann Glück auf drei Ebenen bezeichnet werden, als momentanes Glück, als Zufallsglück und kann ebenso als Zufriedenheit mit dem Leben verstanden werden.[2]

Glück gilt als die Superlative für Freude.

Glückliche Menschen leben Studien zufolge gesünder, da die Psyche Auswirkungen auf den Körper haben kann. Wissenschaftler sind der Meinung, dass Glück die Gesundheit schützt, denn positive Emotionen beeinflussen Vorgänge in unserem Körper.

Freude, Liebe und das allgemeine Wohlbefinden eines Menschen zeigen sich medizinisch in EKG's, welche nachweislich einen besseren Herzrhytmus aufzeigen und folglich das Herzinfarktrisiko sinkt.

So ist es dann logischerweise mit negativen Gefühlen, die sich ebenfalls in unterschiedlichsten Weisen am Körper bemerkbar machen.

---

[1] DUDEN (2019)
[2] Vgl. Gramatke, C. (2019)

Doch oft stellt man sich die Frage, wie man sein seelisches Wohlbefinden fördern kann.

Es gibt viele glücksfördernde Ratgeber und Tipps um somit seine Gesundheit zu schützen.

Beispielsweise muss man lernen sich selber zu akzeptieren, sich mehr auf eigene Stärken zu fokussieren statt auf seine Schwächen. Generell muss man sich bewusst machen, was einem gut tut und dies nicht als selbstverständlich ansehen, sondern es zu schätzen wissen. Denn auch soziale Beziehungen und der Umgang mit Menschen die einem gut tun sind ebenfalls ein wichtiger Glücksfaktor.

Leider ist es oft so, dass schlechte Erlebnisse Guten überwiegen. Um diese in die richtige Balance zu bringen müssen laut einer Studie „Positive Affect and the Complex Dynamics of Human Flourishing" von Barbara L. Fredrickson and Marcial F. Losada drei positive Erlebnisse ein negatives Erlebnis überwiegen.[3]

Was darauf schließt, dass es 1:3-mal schwieriger ist glücklicher zu sein als traurig.

Carol Ryff, eine Psychologin, die als Vorreiterin des Gebietes der Seelenzufriedenheit gilt, entwickelte sechs Säulen die zum Glücklichsein eines Menschen eine bedeutsame Rolle spielen.

Darunter zählen die Selbstakzeptanz, welche ich bereits aufgegriffen hatte und die sozialen Beziehungen, die ebenfalls erwähnt wurden.

Außerdem spielt Ryff zufolge die Selbstbestimmung und das Daseinsverständnis eine äußerst große Rolle bei dem Wohlbefinden.

Die letzten beiden Punkte wären demnach die individuelle Weiterentwicklung und die aktive Umweltgestaltung.

Zur sogenannten „Positiven Psychologie" machte Ryff Experimente mit Probanden. Sie untersuchte die Anfälligkeit von Probanden mit Viren, mit positiver Einflussname auf die Testgruppe. Es zeigte sich, dass die Gruppe, die positiven Einfluss erhalten hatten, viel seltener an den Viren erkrankte als die Gruppe ohne positivem Einfluss.

Auch medizinisch und biologisch lässt sich dieses Phänomen nachvollziehen, der Genforscher Steven Cole von der Universität in LA analysierte und verglich Gene

---

[3] Vgl. Maeck, S. (2015)

2

von „glücklichen" und „unglücklichen" Menschen. Dabei fand er heraus, dass bei den Menschen die angaben sich momentan in einem emotionalen Tief zu befinden, viele Entzündungsgene aktiviert waren. [4]

Es gibt bestimmte Punkte die uns Menschen glücklich machen. Dazu hat die UNO einige Faktoren bzw. Bedingungen zusammengestellt.
Einer der Bedingungen die zum Glücklichsein führen ist es, mindestens 2.500 Kalorien pro Tag zu sich zu nehmen.
Einen Wasserverbrauch von ca. 100 Litern am Tag zu erreichen und einen mindestens sechs Quadratmeter großen Wohnraum zur Verfügung zu haben. Einen Platz zum kochen und eine sechsjährige Schulbildung nachweisen zu können sind ebenfalls Bedingungen des Glücks. [5]
Die nächsten Punkte sind keine Voraussetzungen mehr, sondern lediglich Faktoren die das Glück steigern können:

Stabile Beziehungen sind im Leben jedes Menschen wichtig, Heirat und Kinder, steigern das Glück immer ein bisschen mehr. [6]

Freundschaften und die Geselligkeit von Menschen sind ebenfalls wichtige Faktoren. Dabei kommt es allerdings nicht auf die Anzahl von Freunden an, sondern auf die Qualität der Beziehungen. [7]

Ebenso zählt ein Beruf, welcher auf den eigenen Fähigkeiten entspricht und man dadurch ausreichend Geld zur Verfügung hat um Grundbedürfnisse finanzieren zu können, ebenfalls zu den Glücksfaktoren. Zum Schluss spielt die Gesundheit genauso eine wichtige Rolle um im Leben glücklich zu sein.
Die selben Botenstoffe die für das Glück zuständig sind, werden auch beim meditieren und im Sport ausgeschüttet. In weltweiten Glücksstudien ist nachgewiesen worden, dass vor allem glückliche Menschen tagtäglich sehr aktiv sind.

---

[4] Vgl. Maeck, S. (2015)
[5] Vgl. Wolf, L. (2019)
[6] Vgl. Wolf, L. (2019)
[7] Vgl. Peters, S. (2017)

Sport fördert unter anderem das Selbstvertrauen, das oftmals zur Folge hat viel weniger ängstlich zu sein. Ebenfalls bestimmte Lebensmittel heben den Serotoninspiegel im Gehirn, wie beispielsweise die allbekannte Schokolade, sowie Ananas oder Bananen.

Dies liegt vor allem an dem hohen Zuckeranteil, welcher ebenfalls zum Treibstoff für das Gehirn zugeordnet werden. Neben dem Zucker können gleichfalls Geschmack ein Glücksfaktor sein oder auch Süßigkeiten, die meist mit „Belohnung" in Verbindung gebracht werden, was ebenfalls zur Erhöhung des Glücks beiträgt.

Abwechslungsreiche und aufregende Tage führen ebenfalls zur Ausschüttung bestimmter Glücksstoffe.[8]

Glück hängt stark mit dem Zustand der Gesellschaft und dem sozialen Umfeld zusammen. In weltweiten Rankings zeigte sich, dass in den Ländern Norwegen, Island und Dänemark der höchste Anteil glücklicher Menschen leben. Dies hängt unter anderem auch mit Freiheit der Bevölkerung zusammen, mit dem Vertrauen an die Regierung und in die Behörden. Steigendes Einkommen spielen dort eine nicht so schwerwiegende Rolle. Es ist eher der Wunsch nach Freiheit und Frieden.[9]

1.2 Aktuelle Glücksforschung

Die sogenannte „positive Psychologie" beschäftigt sich mit dem Glücksbegriff.
Verschiedene Professionen befassen sich seit Jahren mit diesem Begriff, die Psychologie, die Philosophie, die Medizin, die Biologie und die Wirtschaftswissenschaften.
In der Psychologie wird der Begriff „Glück" allerdings nicht sehr oft verwendet, da er wie bereits geschrieben auf verschiedenen Ebenden definierbar ist.
In der Psychologie wurden die Begriffe „state" und „trait" eingeführt, um so eine klarere Abgrenzung des Glücksbegriffs zu schaffen. „State" beschreibt ein situativer Glücksmoment und „trait" beinhaltet das allgemeine Lebensglück.[10]

---

[8] Vgl. Wolf, L. (2019)
[9] Vgl. Rövekamp, M. (2017)
[10] Vgl. Kreichgauer, K. (o.D.)

2005 entwickelt Martin Seligman, welcher als Gründer der positiven Psychologie betrachtet wird, ein Wohlbefinden- Konzept, welches bis heute als PERMA Modell bekannt ist.

„P" steht für positives Gefühl, „E" steht für Engagement, „R" steht für relationships, also für positive Beziehungen, „M" für meaning, dem Sinn und „A" für accomplishment, für Zielerreichung und eigene Leistung.[11]

Neben seinem PERMA- Modell hat Seligman den Begriff „Flourishing" populär gemacht. Ins Deutsche übersetzt bedeutet dieser Begriff „aufblühen" oder „gedeihen".

In der allgemeinen Psychologie bedeutet dieser Begriff das Wohlbefinden einer Person und die damit einhergehenden positiven Gefühle.

Flourishing umfasst das soziale Wohlbefinden, also positive Beziehungen, Akzeptanz in einer Gruppe oder in der Gesellschaft, Zusammenhalt, Wachstum und Integration.

Es umfasst das Wohlbefinden des eigenen Lebens und zum Schluss das psychologische Wohlbefinden nach Ryff, was bereits beschrieben wurde.

Das persönliche Wohlbefinden ist viel komplexer und facettenreicher als der Begriff scheint. Denn um positives Wohlbefinden erreichen zu können, muss man mit sich selber und der Umwelt im reinen sein, man muss Ziele verfolgen und Großes anstreben.[12]

In Deutschland signifizieren sich zwei drittel der Erwachsenen als „glücklich".

Ein interessanter Laborversuch entdeckte James Olds, ein Psychologe von der Universität in Michigan, mit Ratten.

Der Test aus den 1950er- Jahren lies Ratten per Knopfdruck eigenes Glück stimulieren. Diese drückten so lange den Knopf bis die Ratten beinahe vor Hunger, Durst und Erschöpfung starben.

Manfred Spitzer sagte folgenden Satz: „Unser Gehirn ist nicht dafür gebaut dauerhaft glücklich zu sein, aber es ist süchtig danach, nach Glück zu streben".

Bei dem Prozess des Glücks werden Neuronen im Mittelhirn aktiv, welche Dopamin ausstoßen und ins Vorder- und Frontalhirn weitergeleitet werden. Im

---

[11] Vgl. Seligman, M. (2015) S.34-40
[12] Vgl. Gramatke, C. (2019)

Vorderhirn fühlen wir uns euphorisch und im Frontalhirn fördert es unsere Aufmerksamkeit und sorgt dafür, dass wir uns dieses glücklich machende Ereignis merken. Dieses Glücksempfinden lässt nach einer Zeit jedoch wieder nach, da es uns bei einer Überdosis sonst genauso ergehen würde wie den Laborratten. [13]

50% des Glücklichseins hängen laut Studie von unseren eigenen Genen ab, 10% machen verschiedene Lebensumstände aus und 40% können von uns selber beeinflusst werden.[14]

Die Emotionspsychologie ist derzeit stark in Mode. Die Film- und Musikindustrie produzieren Lieder und Filme die genau darauf abzielen. Erkenntnisse werden immer nachgefragter und die Zahl der Studien steigen. Neuste Technologien in Smartphones und Smartwatches messen anhand Sensoren unsere Emotionen in Form von Blutdruck und den Herzschlag. Erkennungssysteme für Callcenter werden entwickelt und der technische Fortschritt wird mit den Jahren zunehmen.[15]

Die Glücksforschung ist mittlerweile nicht mehr nur ein Feld, was unter Wissenschaftlern diskutiert wird. Das Thema gerät immer mehr in die Öffentlichkeit und wird stark diskutiert.[16]

---

[13] Vgl. Wolf, L. (2019)
[14] Vgl. Rövekamp, M. (2017)
[15] Vgl. Müsseler, J., Rieger, M. (Hrsg.) (2017), S.216
[16] Vgl. Ruckriegel, K. (2006)

2. Aufgabe C2

In Unterkapitel 2.1 werden die Messmethoden der Emotionen aufgegriffen. Wird auf die Vor- als auch Nachteile dieser Methoden Bezug genommen. In dem darauffolgenden Unterkapitel 2.2 wird beurteilt, welche Messmethode die geeignetste ist um Emotionen zu messen.

2.1 Messmethoden von Emotionen

Messungen und Studien zu Emotionen lassen sich nicht zweifelsfrei nachvollziehen, da nicht klar erkennbar ist, ob die erfassten Situationen Ursachen der Emotionen sind. Es kann gut möglich sein, dass man sich in einer bestimmten Situation bspw. an eine Emotion erinnert die man empfunden hat, jedoch diese in diesem Moment aber nicht der Gefühlslage entspricht oder das Gefühl auf etwas Anderes bezogen ist. [17]

Über die Mimik eines Menschen lässt sich viel ablesen. Diese ist sogar universell über verschiedene Länder und Kulturen gleichartig.
In der Emotionspsychologie erweist sich die Messung des Ausdruckes als meist erfolgreichste Methode der Messverfahren. Diese ist auf zwei Arten messbar:
Zum einen durch Beobachtung von geschultem Personal und zum anderen mittels Technologie. [18]

Emotionen lassen sich medizinisch mittels EKG erfassen, dieser misst den Herzschlag, den Puls und den Blutdurchfluss.
Durch Sensoren ist es Computern möglich, Mimiken zu analysieren und zu messen. Ebenfalls ist es durch das sogenannte „Eye-Tracking" möglich zu erkennen, wohin und in welcher Art die Augen eines Probanden hinschauen. [19]

Ebenfalls populär ist das Facial Action Coding System. Diese Verfahren zeichnen sich durch hohe Objektivität aus, sie lassen sich während eines Prozesses

---

[17] Vgl. Brandstätter, V., Schüler, J., Puca, R.M., Lozo, L. (2018), S. 172
[18] Vgl. Jaekel, M. (2006)
[19] Vgl. Hedewig- Mohr, S. (2017)

erfassen. Jedoch werten diese Messmethoden nicht alleine Emotionen aus, denn vor allem Sekundäremotionen lassen sich kaum erfassen.[20]

Diese Art der Messung ist allerdings kostenaufwendig und in Form von Online-Befragungen kaum praktikabel, da man die Emotionen online nicht erkennen kann. Diese Methode gilt zwar als valide, jedoch weniger praktisch.

Da die meisten Forschungen per Befragungen erfolgen, ist es bei dieser Form meist praktischer sie per Verbalisierung zu messen.

Heißt also mit der Erkennung bestimmter Adjektiven oder Aussagen. Diese Art der Messung ist zwar praktisch, jedoch nicht unbedingt valide, da es vielen Menschen schwer fällt ihre Gefühle ohne Hilfestellung auszudrücken.

Ein Dilemma zwischen beiden Messmethoden.

Eine gute Lösung bietet das universelle Ausdrucksverhalten durch die Visualisierung verschiedener „Emoticons", welche die Probanden ihrem Gefühl nach zuordnen. Dafür muss man nicht zwangsläufig das Gesicht der Person sehen.

Diese sogenannten „Emoticons" sind wie Cartoons aufgebaut die mit Adjektiven ergänzt werden.[21]

Die Messmethode der „Emoticons" auch Emocards bezeichnet, hat Vor- als auch Nachteile. Durch die comichafte Darstellung wird das Ausdrücken der Emotionen vereinfacht. Die Auswertung ist relativ leicht, die Kosten und der Aufwand gering. Der einzige Nachteil dieser Methode ist, dass es hin und wieder zu Missverständnissen der Cartoons kommen kann, dass ein Proband beispielsweise eine andere Emotion darunter versteht als ein Anderer. [22]

Face- Reading: Bei der Face-Reading Methode werden Emotionen anhand Expressionen im Gesicht festgestellt.

Diese hat den Vorteil, dass man bei emotionalen Ausbrüchen seine Emotionen schwer verstecken kann.[23]

fMRT: Bei dieser Messmethode liegt man in einer Röhre. In dieser wird gemessen, welche Gehirnregion gerade aktiv ist. Nachteil dieser Behandlung ist,

---

[20] Vgl. Dieckemann, A., Gröppel-Klein, A. u.w. 2008), S. 323f.
[21] Vgl. Jaeckel, M. (2006)
[22] Vgl. Shepherd, O. (2014)
[23] Vgl. Schloßareck, M. (2018)

dass man die genauen Emotionen die ausgelöst werden nicht nachvollziehen kann.

Diese Methode löst jedoch bei vielen Patienten Unbehagen aus, da man wie beschrieben für diese Messmethode in einer Röhre liegen muss, was ebenfalls zu Emotionsexpressionen führt.[24]

EEG-Messungen: Bei den EEG- Messungen werden dem Patienten Elektrode am Kopf befestigt, welche die Gehirnströme messen. Auch hier ist wieder der Nachteil, dass der tiefe Teil des Gehirns, der die Emotionen verarbeitet, dem Gerät verborgen bleibt. Exakte Emotionen können auf diese Art also nicht gemessen werden.[25]

EDA: ist die Messung des Schweiß. Hierbei wird der Hautwiderstand gemessen. Vorteil dieser Methode ist die exakte Aufnahme des Momentes der Emotion, da diese während des Reizes stattfindet. Der Nachteil auch hier wieder, dass keine exakten Emotionen nachgewiesen werden können.

Die beste Methode ist also die Kombination des Face-Readings und anderen Methoden. Von Paul Ekman wurde diese Methode über Jahrzehnte lang geprüft und verfeinert. Unterstützt werden kann diese Methode zusätzlich mit anderen Methoden wie bspw. des EEG, um nachzuvollziehen wie anstrengend eine bestimmte Emotion für den Probanden ist oder war.[26]

Imaginationstechnik :Bei der Imaginationstechnik werden dem Probanden Situationsbeschreibungen in Form von Szenarien vorgelegt. Diese sollen die Emotionen anregen bzw. auslösen. Möglichst anschaulich gestaltet, in Form von Illustrationen können so dem Probanden besser näher gebracht werden. Die Testperson wird dazu aufgefordert, sich das beschriebene Ereignis vorzustellen und es mit einem ähnlichen Ereignis aus der Vergangenheit in Verbindung zu setzen. Diese Erlebnisse sollte dann schriftlich und bildhaft wiedergegeben werden.[27]

---

[24] Vgl. Schloßareck, M. (2018)
[25] Vgl. Schloßareck, M. (2018)
[26] Vgl. Schloßareck, M. (2018)
[27] Vgl. Brandstätter, V., Schüler, J., Puca, R.M., Lozo, L. (2018), S. 188

Velten-Aussagen- Messmethode: Die von Velten entwickelte Technik der Emotionsmessung lässt Probanden ich-bezogene Aussagen mehrmals laut vorlesen. Die Aussagen umfassen unterschiedliche Emotionsbereiche zu verschiedenen Gemütszuständen (z.B. „Ich fühle mich im Moment sehr traurig"). Diese Beschreibung und das Laute Aussprechen der Gefühlslagen sind typisch für die zu induzierenden Emotionen.[28]

Musik: Bei dieser Methode werden dem Probanden verschiedene Musikstücke vorgespielt, die bei hohen Tönen andere Emotionen hervorrufen als bei tiefen Tönen zum Beispiel. Je nach Tonintervall werden andere Emotionen damit assoziiert. [29]

2.2 Fazit

Emotionen zu messen stellen Wissenschaftler vor eine große Herausforderung, denn Emotionen beinhalten verschiedene Komponente, welche das Verhaltenssystem unterschiedlich beeinflussen.
Dazu zählen zum einen die subjektiven, die kognitiven, die physiologischen und zum anderen die expressiven Komponente. Diese können in einer oder in mehreren Komponenten manifestiert werden.
Der Vorteil hierbei ist, dass man so die Möglichkeit hat unterschiedliche Facetten untersuchen zu können und man nicht gezwungen ist auf eine Art der Untersuchung festgelegt zu sein. Andererseits ist es schwierig „Priorität-Komponenten" herauszufiltern, um die geeignetste Messung durchzuführen.[30]

Es gibt viele verschiedene Möglichkeiten um Emotionen zu messen. Um verschiedene Stimmungen auszulösen eignen sich Velten Aussagen und Musik, um aber spezifische Emotionen zu induzieren, eignen sich Filmausschnitte und Imaginationsverfahren besonders gut.

---

[28] Vgl. Brandstätter, V., Schüler, J., Puca, R.M., Lozo, L. (2018),S. 187
[29] Vgl. Brandstätter, V., Schüler, J., Puca, R.M., Lozo, L. (2018), S. 187
[30] Vgl. Müsseler, J., Rieger, M. (Hrsg.) (2017), S.189

Man stellte außerdem fest, dass negative Stimmung effektiver ausgelöst werden kann als Positive. Dabei zeigte sich, dass Filme und Imaginationsverfahren besonders bei der Induktion positiver Stimmung am effektivsten waren. [31]

Pauschal kann man die beste Messmethode von Emotionen nicht bestimmen, da sich die Messmethoden in unterschiedlichen Weisen messen lassen.

Außerdem gibt es bei vielen der bereits benannten Messmethoden Vor- als auch Nachteile, weswegen es nicht „die perfekte" Methode gibt. Die beste Methode ist demnach die Zusammensetzung verschiedener Methoden.

3. Aufgabe C3

In Unterkapitel 3.1 wird das Rubikon- Modell erklärt und anhand dessen die beiden Begriffe „Motivation" und „Volition" erklärt.

In Unterkapitel 3.2 wird ein Beispiel aufgezeigt, welches sich auf die Handlungskontrollstrategien nach Kuhl einsetzen lassen können.

3.1 Rubikon Modell

Bei dem Rubikon Modell handelt es sich im Grunde genommen um ein motivationspsychologisches Prozessmodell zielrealisierenden Handelns.

Dieses Prozessmodell begleitet unterschiedliche Handlungsziele. Das heißt, das Rubikon Modell beschäftigt sich mit der Frage wie eine Person handelt, wie sie Pläne und Ziele macht und verfolgt. Es beschreibt also das Verfolgen eines Ziels oder eines Wunsches und den damit einhergehenden Handlungsverlauf.

Diese Ziele, Wünsche oder Träume durchlaufen mehrere Reifestadien, bis daraus dann schließlich eine Handlung entsteht.[32]

Um diese Reifestadien noch einmal aufzugreifen und verständlicher zu machen, werden diese Stadien anhand eines kleinen Beispiels nochmals vertieft.

Jeder Mensch hat andere Träume oder Ziele im Leben, die sich im Moment in unterschiedlichen Reifestadien befinden, bedeutet, manche Ziele sind bereits im

---

[31] Vgl. Brandstätter, V., Schüler, J., Puca, R.M., Lozo, L. (2018), S. 190
[32] Vgl. Storch, M., Krause, F. (2003), S. 57

Prozess, heißt, es liegen konkrete Handlungsziele vor, manche Träume sind eher Überlegungen die irgendwann in der Zukunft möglicherweise mal in Angriff genommen werden, andere Wünsche sind bereits abgeschlossen. Es gibt Ziele die sie verbissen verfolgen und erreichen wollen und es gibt Ziele die im Moment keine Priorität für Sie haben. Diese Prozesse bezeichnet man als „Reifestadien" bestimmter Ziele.

Das Rubikon bildet einen roten Faden zwischen diesen Stadien und hat eine Beschreibung dieser Handlungsziele vorgelegt.[33]

Dieser ist nach dem Rubikon Modell in vier zeitlich aufeinander aufbauenden Aufgaben gegliedert.

Die erste Phase wird als „Prädezisionale Handlungsphase" bezeichnet.

In dieser Phase wird der Wunsch geplant und die Realisierbarkeit des Wunsches abgewägt und schließlich aus einer Reihe von Wünschen eine Auswahl getroffen.[34]

Dieses verbindliche Zielsetzen wird als Überschreiten des Rubikons genannt, woher auch der Name dieses Modells stammt.[35]

Zurückzuführen ist dieser auf den Fluss Rubikon, den Julius Cäsar überquerte, nachdem er sich nach langem abwägen der Vor- und Nachteilen für die Überquerung des Flusses entschied.[36]

Phase zwei ist die „Postdezisionale Phase" oder auch „präaktionale Phase" genannt. Diese beschäftigt sich mit der Planung und der Realisierung des Ziels, welche Mittel unternommen werden müssen um dieses Ziel zu erreichen.

Die dritte Phase ist die „Aktionale Phase". Hier wird die Planung ausgeführt.

Und in der vierten und letzten Phase, der „Postaktionalen Phase" wird die Handlung bewertet und reflektiert. Es wird geprüft, ob das Ziel erreicht wurde oder ob gegebenenfalls noch Handlung besteht.[37]

---

[33] Vgl. Storch, M., Krause, F. (2003), S. 58
[34] Vgl. Kuhl, J., Heckhausen, H. (1996)
[35] Vgl. Achtziger, A., Gollwitzer, P. M. (2009), S. 151ff.
[36] Vgl. Storch, M., Krause, F. (2003), S. 58
[37] Vgl. Achtziger, A., Gollwitzer, P. M. (2009), S. 151ff.

Volition ist die Fähigkeit, Vorstellungen und Handlungen gezielt umzusetzen und zu realisieren.

Die Motivation ist wichtig um Ziele entwickeln und bilden zu können und die Volition baut darauf auf und setzt sie um. In der letzten Phase der Postaktionalen Phase ist die Motivation wieder an der Reihe, da diese Auswirkung auf die Ergebnisse und die daraus resultierende Motivation für weitere Ziele hat.

Die erste und die letzte Phase des Abwägens und Bewerten, werden als „motivationale Phase" bezeichnet, weil in diesen Phasen die Kausalattributionen eine wichtige Rolle spielen.
Als Volitional werden die Planungs- und Handlungsphasen bezeichnet, da hier die selbstregulativen Prozesse im Vordergrund stehen.[38]

3.2 Handlungskontrollstrategien nach Kuhl

„Nach Kuhl besteht die Persönlichkeit aus sieben verschiedenen Systemebenen, die folgende Basisfunktionen enthalten:
1. Kognitive und motorische Operationen
2. Temperament
3. Affekt- und Anreizmotivation
4. Progression und Regression
5. Basismotive
6. Komplexe kognitive Operationen
7. Bewusstsein und Wille"[39]

Beispiel: Ich mache mir klar welches meiner Ziele, Wünsche und Träume im Moment die größte Priorität für mich haben. Im Moment ist mein nächstes Ziel mit meinem frisch verheirateten Mann nach einer Unterkunft zu suchen. Dabei mache ich mir in der ersten Handlungsphase Gedanken, welche Art der Unterkunft in Frage kommt und was ich mir wünsche. Reicht eine Mietwohnung aus? Möchte ich ein Haus mieten, kaufen oder bauen? In dieser rufe ich mir Vor- und Nachteile zu den jeweiligen Möglichkeiten auf und wäge ab. Ich überlege

---

[38] Vgl. Brandstätter, V., Schüler, J., Puca, R.M., Lozo, L. (2018), S. 143
[39] Rauthmann, J. F. (2017), S. 464

mir, was ich benötige und was auf mich zukommen kann. Habe ich genügend Kapital? Werde ich einen Kredit bei der Bank bekommen? Wo suche ich nach geeigneten Häusern?

Im Folgenden Abschnitt entscheide ich mich und beginne die Umsetzung. Ich gehe zur Bank und spreche mit meinem Berater, ich stelle eine Kreditanfrage und beginne aktiv nach freien Grundstücken zu suchen. Ich informiere mich bei Hausbauunternehmen, nach Architekten und Personen die mich unterstützen können. Ich leite alles Weitere in die Wege bis das Haus steht und wir einziehen.

In der letzten Phase ziehen wir ein Resümee, war die Entscheidung richtig? Hätten wir etwas anders machen sollen? Müssen noch Änderungen am Haus vorgenommen werden? Wir kontrollieren die Ergebnisse und schließen, wenn alles erledigt ist, ab.

4. Literaturverzeichnis

Achtziger, A., Gollwitzer, P. M. (2009): Rubikonmodell der Handlungsphasen. Rubicon Model of Action Phases. Göttingen, 2009.

Brandstätter, V., Schüler, J., Puca, R.M., Lozo, L. (2018): Motivation und Emotion. Allgemeine Psychologie für Bachelor. 2. Auflage. Berlin, 2018.

Dieckemann, A., Gröppel-Klein, A.,Hupp, O., Broeckelmann, P., Walter, K. (2008): Emotionsmessung in der Werbewirkungsforschung. Berlin, 2008.

Kuhl, J., Heckhausen, H. (1996): Enzyklopädie der Psychologie. Motivation, Volition und Handlung. Seattle, 1996.

Müsseler, J., Rieger, M. (Hrsg.) (2017): Allgemeine Psychologie. 3. Auflage. Heidelberg, 2017.

Rauthmann, J. F. (2017): Persönlichkeitspsychologie. Paradigmen- Strömungen- Theorien. Berlin, 2017.

Ruckriegel, K. (2006): Ergebnisse der Glücksforschung. Folgerungen für Politik und Unternehmen- ein Paradigmenwechsel. Nürnberg, 2006.
Seligman, M. (2015): Wie wir aufblühen: Die fünf Säulen des persönlichen Wohlbefindens. München, 2015.

Storch, M., Krause, F. (2003): Selbstmanagement-ressourcenorientiert. Grundlagen und Trainingsmanual für die Arbeit mit dem Züricher Ressourcen Modell. Zweite korrigierte Auflage. Bern, 2003.

Quellenverzeichnis

DUDEN (2019): Glück, das. Berlin, 2019. URL: https://www.duden.de/rechtschreibung/Glueck, aufgerufen am 15.12.19

Gramatke, C. (2019): NLP- Zentrum. Was ist Glück? Ansätze aus der positiven Psychologie. Ahrensburg, 2019. URL: https://nlp-zentrum-berlin.de/infothek/nlp-psychologie-blog/item/was-ist-glueck, aufgerufen am 12.12.19

Hedewig- Mohr, S. (2017): Planung&analyse. Das Marktforschungs-Portal der HORIZONT Medien. Wie man Emotionen messen kann- Methoden der Marktforschung. Emotionen sind ins Gesicht geschrieben. Frankfurt am Main, 2017. URL: https://www.horizont.net/planung-analyse/nachrichten/Wie-man-Emotionen-messen-kann--Methoden-der-Marktforschung-Emotionen-sind-ins-Gesicht-geschrieben-158105, aufgerufen am 15.12.19

Jaekel, M. (2006): Absatzwirtschaft. Emotionen messen- aber wie? Hanburg, 2006. URL: https://www.absatzwirtschaft.de/emotionen-messen-aber-wie-3365/, aufgerufen am 15.12.19

Kreichgauer, K. (o. D.): Glücksarchiv. Psychologie und Glück. Walldorf, o.D. URL: https://www.gluecksarchiv.de/inhalt/psychologie.htm, aufgerufen am 12.12.19

Maeck, S. (2015): SPIEGEL ONLINE. Gesundheit. Die sechs Säulen des Glücks. Hamburg, 2015. URL: https://www.spiegel.de/gesundheit/psychologie/gluecklich-sein-die-sechs-saeulen-des-gluecks-a-1030245.html, aufgerufen am 12.12.19

Peters, S. (2017): Berliner Zeitung. Harvard- Studie. Diese Dinge machen uns wirklich glücklich. Berlin, 2017. URL: https://archiv.berliner-zeitung.de/ratgeber/gesundheit/harvard-studie-diese-dinge-machen-uns-wirklich-gluecklich-25952408, aufgerufen am 15.12.19

Rövekamp, M. (2017): Der Tagesspiegel. Was den Menschen glücklich macht. Berlin, 2017. URL: https://www.tagesspiegel.de/wirtschaft/ein-uraltes-streben-was-den-menschen-gluecklich-macht/20787732.html, aufgerufen am 15.12.19.

Schloßareck, M. (2018): Konversionskraft. Emotionen messen: Nie mehr Rätselrate bei Usability Tests und Optimierung. Bad Homburg v. d. Höhe, 2018. URL: https://www.konversionskraft.de/conversion-optimierung/emotionen-messen-usability-tests-und-optimierung.html, aufgerufen am 15.12.19

Shepherd, O. (2014): ThinkNeuro! Emotionen messen mit Emocards & PrEmo. Möhrfelden-Walldorf, 2014. URL: http://www.thinkneuro.de/2014/02/27/emotionen-messen-mit-emocards-premo/, aufgerufen am 15.12.19.

Wolf, L. (2019): BR Wissen. Was und wirklich glücklich macht. München, 2019. URL: https://www.br.de/unternehmen/service/impressum/index.html, abruf am 15.12.19